AF347031

JARDINES DEL ÁNIMA

ExLibric

F. JAVIER CÁRDENAS GARCÍA

JARDINES DEL ÁNIMA

EXLIBRIC

ANTEQUERA 2019

F. JAVIER CÁRDENAS GARCÍA

JARDINES DEL ÁNIMA

A mi madre por ser la mejor persona que he conocido, conozco y conoceré en la vida. A mi padre por inculcarme el valor de la constancia y el trabajo duro como fuerza motriz innegable de vida. A mi hermano, familia, amigos y todos aquellos que hicieron de una u otra forma que sea hoy el que soy. Gracias.

Índice

I. PRELUDIO

«Todo el mundo se ha apagado alguna vez en la vida, supongo», me decía sin cesar una persona muy sabia que conocí cuando apenas había levantado quince julios en mi vida. Por supuesto, lo desoí en su momento y aquella frase mil veces repetida cayó en el olvido de las cosas, hasta que la desempolvara hoy para iniciar todo esto. Yo mismo un día consideré, tras una terrible concatenación de despiadadas crisis existenciales, que mi carne estéril y muerta no era capaz de albergar vida alguna, que no era más que un campo de lágrimas, de melancolía infinita terriblemente vulnerable al filtro que esta sociedad me imponía. Con la cabeza dirigida hacia el suelo caminaba sin quererlo, persiguiendo la sombra de un proyecto de vida que emprendía por compromiso.

Pero ¡qué errado estaba! No había sido capaz de vislumbrar la siembra que siempre hubo en mí, la calidad de sus semillas, brotes y hojas futuras. Los inviernos que adoro, por cierto, se terminan marchando tarde o temprano y tras ellos la primavera del mundo renació con su ímpetu inquebrantable. El mío había durado demasiado, pero tras él allí estaba, empuñando una tierra maravillosa, receptiva al calor, a la luz, al sol, a la algarabía de un amanecer extraordinario. Sedientas y bucólicas, emergieron de la grava pasada cientos de flores arraigadas en mí y de mí con el pretexto de encauzar mi quebrado navío en el sendero venidero, más allá de la necrótica herrumbre que lastró y tanto costo provocó en mi carne. Así, *Jardines del ánima* confecciona una breve recolecta de mis cantos juveniles, esos pasos que todos hemos dado y que nos esculpieron en las personas que somos ahora. Todos ellos aunados bajo la íntima seña de una pretensión de lírica a medias.

II. ROSAL PÚRPURA

¿Cómo olvidar tu boca de viuda arácnida?
Querida verduga, tú que pintabas
tulipanes azabache en tu prado
de preciosas pasiones inalcanzables.

Tú, que alentabas polillas, colibrí y hombre
en la febril danza de tu cólera desbordante,
en tu ficticio coito de sed y hambre…
Tú, que enajenabas con tu esperma enarbolado,
tu imperiosa vulva y aquella obsidiana lengua
a todo aquel ser que de la belleza amante se jactase.
Tú, mi tirana emperadora, siempre seductora.

¡Cuántas noches contemplé cautivo de tu boca,
aquellos tantos opulentos polinizadores
que te ambicionaban en sus copulas pretensiosas!
Yo, que lideraba tan miserable una incompetente
de lisiados zánganos prematuros escuadra.
¡Cuántas noches, cuántos días, tantas noches!

Superado por semejante empresa inalcanzable,
resignado resolví bajo la tierra ocultarme,
mas cuál fue mi asombro al presenciarlos
en tus francas picas, las incorruptibles magistradas,
todos ellos, harapientas víctimas decapitadas.
Nunca hubo del eclipse de tu polen ariete,

ni coraje, ni hedor que aspirara igualarte,
centinelas las beatas mantis regían tu rosaleda
precipitando el genocidio de la raza mía.

A sabiendas,
deslumbrado, amordazado,
tu irrefrenable corriente de sed irreductible
me arrastraba, propiciando mi exterminio,
en una pretensiosa migraña de enamorado primerizo.

III. DIENTE ÁMBAR DE LEÓN

*"Latente. De una fuente evocada bebe muy hermosa y lábil,
esta vieja gloria que en mi cripta cardíaca yace enterrada."*

Fuera, tras este añejo y oxidado ventanal,
ruge perenne el bravo céfiro del tiempo,
dotando a mi desierto de semillas pasadas
y pasajes olvidados tras su obstinado azote.

Vuelan insectos de sal forjando lo dispuesto
por la tanta esquirla del vidrio leonado
que un día el vendaval incierto, en su periplo
por el mundo, sembró en el limo tras este muro.

Sobre la anciana cal ahora se alzan febriles
gravas de besos tallados en un nunca eterno,
celestes cúspides nocturnas, de aves ardientes
ajusticiadas por la metralla del desvelo.

La hermosa brisa de tu voz calla en mi labio
quebrado de inseguridad y llantos pueriles,
colmando de sangre y gloria, cada diente de oro
asentado en la aridez de este mío páramo.

[Ya no estás]

Repentino se detiene el cántico de espadas
y arrecia el vendaval de los dulces soñares,
toco la astilla de un eco de mármol romano
y olvido el tacto de tus pólenes peregrinos.

El vaivén caprichoso del viento me acribilla,
sembrándome el germen de estas pasajeras florestas,
irreales, narcolépticas e inconsistentes,
para exterminarlas en su parpadeo histórico.

Callo, aguardo y sacio el escozor de mi abdomen,
me apoyo en el cristal que me asoma a la parcela
y admiro consternado el rubor de cinco franjas,
una por dedo, una por ansia, en silencio.

[Regresa el viento, se desvanece el viento]

Fuera el concierto del león palpita incansable,
dentro afloran causales rías de creencias.
Supongo que apresé un amor desmesurado
tras la cobarde cárcel de una carne minúscula,
en demasía pequeña, para ocultar nada.

«Hace mucho tiempo ya que, en su perspicaz y locuaz movimiento por el mundo, dejó de pasearse por mis ajardinadas tierras, ahora tan vistosas que os sorprendería contemplarlas, desde que fuera ella quién las sembrara con su vida.

«¿Dónde estarás ahora? ¿En qué rincón del mundo?», me pregunto muchas veces cuando cae la tarde y el cielo riega de un ámbar maravilloso las huertas colindantes. «¿Por qué no di con el atrevimiento? ¿Por qué no le insté a que permaneciera conmigo?», me reprocho al tiempo que una brisa muy amena mece los ramajes y las hojas del paraje. El prado parece ser el único capaz de darme la respuesta. Era tal su inabarcable ardor, su extenuante y afrodisíaco olor, que me limité muy estúpido a admirarla tras las rejas de un alma que gritaba por encontrársela.

IV. CRISANTEMOS DESHOJADOS

"A orillas del Tormes transcribo este beso de verano."

Callado el eco roto del tiempo.
Tan solo agónica escarcha de ti y de mí ha quedado,
la contienda caída ha extinto tus centellas
al crepitar mi luna de mar oliva escriba,
cual astilla de leño de un recuerdo olvidado.

Agotado tanto sueño en cementerio,
he dejado de encontrarte en la noche, la piedra, la risa,
en la espada de estío que tanta hierba ajusticia,
despedazado en el rayo colmado de aquella fría estrella
que a alumbrar pretenda el canto de una flor muerta.

Hecho de la alegoría jurada.
Estiércol diamante pésimamente aleado,
hecho efímero el alba y el escombro en ceniza
ensordece nuestro alarido de enamoradas almas
que, en tanto camposanto, yacen nombrando lápida.

Deshojados los nuestros crisantemos,
capitulada la tan nuestra gesta,
¿qué será del silencio que en su día callamos?
¿qué será de mi verso, los besos, las materias…?
Cuando el corazón te abrase y sea suya la sangre,
cuando de mi debacle, cadáver de árbol quede

y el olvido tan presuroso acuda a empañarme,
recuérdame en el humo de un pétalo quemado.

V. EDELWEISS PLATEADO

*"Toda la vida en mí, y tuve que descubrirte en aquel extraño lugar, el
que pareciera el final de todos los lugares." Fuente Dé, 2017.*

Entre los pinares olvidados,
entre abetos milenarios,
por entre cordilleras y horizonte,
mana del silencio una bruma impenetrable
ávida de gangrenas y peste,
famélica de la carne rezumante
a macabro estanque de varada sangre.

Emerge de la carencia la ventisca,
destripando el gemir sosegado
de un paraje en afecto declinado,
fúnebre, frígido, de vigor vacante.

La saliva de niebla comienza a helarlo todo,
besando las rotas arrugas de pino al ritmo extraviado
de una sonata desgarrada en la garganta de muerto.

Con acolchado paso, desde la ventisca
soberana camina mi muerte de hielo,
deserta la nieve, muta en granizo
y el cielo llora fósiles de hombre
apresados tras la perpetua entraña
de mil océanos congelados.

Súbito prende un aullido solitario
quebrando el mar de escarcha hacinada.
Dejando atrás esquelas de montaña
un lobo añejo de la helada escapa,
el último caliente de su raza.

Se detiene abatido, jadeo exhala
y con la guadaña de bruma a la espalda,
clava sus garras frente a una lápida,
muy suya en la recóndita falla,
en mi diestra costilla hallada.

Moribundo en ella lee su nombre
y bajo sus uñas descarnadas
la vida de una blanca doncella,
de violácea virtuosa constata.

La añoranza, la caricia de invierno,
la heroica cruzada con la zozobra,
con los parásitos llantos transportados;
hicieron de rocío sustancioso
para aquella nívea novicia del cielo
tejida de copos plateados.

Anotar quiero aquella gracia imperturbable
tan de cristal, nieve y escarlata
en valiosas y extintas ágatas encarnada.

Tarde, de otra era el reloj despierta
y el agonizante animal agotado
sus glaciales párpados ensambla,
acurrucándose sobre su nicho nevado,
para deslizar una última lágrima vidriada
con la flor de plata en ella reflejada.

¿Cuántas noches de borrasca sostuviste?
¿Por qué naciste tú, de vida radiante,
de júbilo innegable, allí donde la muerte imperaba?

VI. DON DIEGO DE NOCHE

"Fuentevillalba."

Cae la noche y las flores de luna despiertan,
la chicharra enmudece, oculto copula el grillo
y la quietud mece el silencio del ramaje extraviado.
¡Otra vez sueño en el puñal de la infancia desgastado!

La savia libada por la imperial abeja negra
conserva el aroma de una hormiga obrera
que en este enclave por entre los olivares faena.
¡Otra vez me evoco hostigándote, libélula del verano!

Huele a cosecha de laurel, a olivo, a jaramago,
danzan canas mariposas junto al membrillo olvidado
y de verdes nueces se llena de la tierra su regazo.
¡Cuánto por recuperar lo correteado hubiera dado!

Crece patata en la tierra junto al estanque
y la tomatera, cual culebra, por las cañas repta.
Padre la riega y el abuelo en su trono a guiarla comienza,
sin sus amparos. ¡Cuán grande y hostil el mundo era!

Añorado verano de la juventud el tesoro,
allí, al abrigo de un piélago de olivos guardianes,
respaldado por celeste fauna y lagarto amputado,
crece un nogal remoto, ¡tan cónsonante y despreciado!

El riachuelo seco yace y en sus charcas enfangadas
habitan los renacuajos que mañana serán ranas.
Cerca, en el pozo, madre parte cordobesas castañas.
¡Cuán seguro entre sus brazos uno se encontraba!

La noche expira y el siempre inevitable alba al horizonte ataja,
es entonces cuando a sentir comienzan las de oscuridad damas
como la llama de la vida en efímera existencia cuaja.
¡Ah, infancia arrebatada, lejana, ingenuidad e ignorancia!

VII. NOGAL ETERNO

*"Tu legado arde indeleble, inmaterial e imperecedero en el baúl de
mi corazón. Siempre, te quiero abuelo."*

Si un día algún viajero en la espesura del olivo
que guarda y circunda la tan Lucena mía
por naufragios y azares de la vida se extravía,
rogarle quiero, la búsqueda presta
del eterno nogal que al mismo cielo empequeñecía.

Silencio, en la inmensidad, en el alma. ¡Ruego silencio!
Agoniza el duelo, acalla el mundo y la brisa, la azucena,
el olivo, el cultivo y el pajarillo se mueren de pena.
Difunto el sino de la vida en la labrada tierra,
decidme ahora: ¿quién con su amor hará en ella siembra?

Tornado estéril el de la madre ave gorgojeo,
detenido de la agotada hacienda el latido
y en ruinas de grises arboledas reine el vacío.
¿Quién va a alimentar con tu incandescente júbilo
a la huérfana avecilla atrapada en su nido?

Cuando el ajeno abrazo en invierno regrese
y sus áureos bienes el desolado limonero enmiende,
cuando en desgarrador lamento la primavera te recuerde
y tan viudos los campos y tan solas las cosas queden,
decidme: ¿quién será aquel tan necio e ignorante
que en tu recuerdo inconmensurable pretenda reemplazarte?

Silencio, en la honestidad, en la grandeza. ¡Ruego silencio!
Cuando con su carnal mano la eternidad te estreche
y el cielo con tu luz eternamente se ciegue,
cuando la bondad y el agradecer sin portavoz queden
y de rodillas en mil suplicas tu regreso te rueguen,
¿quién será aquel que, en su recuerdo, justicia logre hacerte?

Tras el alma estrecharme por mitigar mi pena decías alegre,
que si en su voracidad esta terca muerte al mundo no barriese
no habría planeta que a tanta herrumbre acogiese.
¡Abuelo mío! ¡Ay, si de tu pérdida incalculable para este,
ínfima y remotamente hubieras sido consciente!

Pese a todo, en los anales de la oliva oceanía persiste
tan íntegro y recto, en marmóreas arrugas fuerte,
un muy honorable nogal que por su memoria resiste
inmortal en la eternidad alzado contra su muerte,
cobijando entre sus centenarias raíces
un depuesto sombrero de paja y mil brotes verdes.

Silencio, silencio. ¡Ruego silencio!
Y si algún día, de mi sangre un biznieto has de tener,
con el tan noble corazón levantado como solo tú solías hacer,
humilde, bien sonriente y despreocupado le haré saber,
que tras su menuda espalda nada más tiene que temer
pues hallase allí, el más grande de los guardianes arcángeles.

VIII. NENÚFARES TINTOS

"La flor de agua nació allí, un día de noviembre de 2017."

Titilan muertas lágrimas en la ventana
y un solitario extranjero raudo se retira,
con el crédito depuesto y la mirada perdida,
con un paraguas roto y el porvenir mojado de por vida.

De la lluvia huye vestido de áridas pústulas otoñales,
recuerda un astro invicto rigiendo el cielo,
cae, dedales enfanga y esboza una lágrima que despedaza
la renacida calzada por la que se precipitaba.

La lluvia canta, impone, sentencia con sus borrascas
filtrándole maltrechos vendavales en sus vísceras,
cual lamentable fardo de anegadas mariposas,
deshechas células e inertes fibras.

Diluvia, mil veces llueve, mil veces llora.
Del aguacero la etérea soga le ahoga,
déspota, vil, infame, tan tirana
que lo inunda con su beso de herida dama.

Atormentado siente de su flor asfixiada el asma,
sangra su mísera savia y bebe de la pantanosa charca
colmada del limo que quedara de su quebrada porcelana,
aplastado en la humedad de su propia salmuera putrefacta.

Ni al regreso del astro, ni al capricho del tiempo,
ni al orgullo del viento aquella tempestad se detuvo,
de perseverante lluvia muchos meses acontecieron
hasta que el azar en incongruente maniobra intervino.

Abrió el forastero sus ojos, vomitó sangre fundida
y con la metáfora calada de una errante huella de agua,
aquellos impermeables pétalos lilas florecieron,
casi desérticos, en contra de éticas de tallo en ruina.

¡Cuánto rezo emprendí sollozándote lluvia,
cuántas tormentas imploradas!

IX. LA FLOR DEL OCHÍO

Demasiado tiempo ha pasado ya, y aquellos que se amaron no son más que dos rastros desconocidos. Esta flor fue la más grande que mi tierra llegó a albergar nunca, mas hoy, distorsionada en el humo y ceguera particular que el paso del tiempo ha propiciado en mi vida, apenas puedo respirarla como debiera.

Por suerte, prevalecen entre tachaduras y ecos rasgados del escombro pasado unos cuantos versos colmados de polvo y telarañas que, por intentar baldíamente dar batalla a nuestra única gran amenaza, aquí rescato. Aunque advierto que, agredidos por la nostalgia, el tiempo y el sueño, inconexos se abren para aquel que quiera desentrañarlos.

I

[…]
Tirita mudo el verso que me arrancas
rasgando el conticinio en mi palabra,
en esta noche en la que el sueño labra
un eco ajado entre las sombras francas.

[…]
Mi trémula ceniza de ascua vaga
hostigando callada la huella errante
de un tuyo efímero beso de sangre
que, en mar café, caducado naufraga.

[…]
Y en el sollozo de hielo tras la bruma
el alba se marchita en su caída,
petrificando la carne que no olvida
el arte amado que doble perfuma.

[…]
Y anhelarte en el lecho, y estancarnos
en lágrimas marinas, fulminados
entre centellas de aromas fraguados
en la eterna memoria, y besarnos.

II

Nunca había deambulado tan solo en el mundo
privado del ánimo que solía abanderar mi verso,
en estéril polvo la roca se desguaza a mi paso
y hay una anestesia terrible en esta ruina de vertedero.

Horriblemente solo vago en el páramo que devastamos,
se derrumban propósitos y arcaicos despojos a mi lado,
se deshacen madrugadas perdidas, desvelos
escombros de aquellos tantos besos, todos olvidados.
¡Qué baldío silba ahora el céfiro lejano
y cuánto fantasma de su indolente faz
y su impoluta calavera agotada,
en su yerma caricia ha arrancado!

Este viento hostil me golpea la lacerada cicatriz del labio
y qué hastiado, asfixiado me encuentro,
náufrago en el tedio de las mortajas del recuerdo.
¡Mírame, caminando nuestro estropicio, el erial residuo
del inerte lecho, del cadavérico desperdicio!

A veces, merodeo tus pasados espejismos en la grava,
mas ya nada ni nadie a esta alma en pena aquí acompaña,
con la voz rota, con la amnésica jaqueca a la espalda,
recitarte quiero esta última nana desgarrada.
¡Vamos olvido! Apodérate de este fantasma
en tu uniformidad, en tu desvencijar de sustancia.
¡Apágame el pecho, deshazte de mis cenizas!

¡Ah, y si llegaras a saber algún día…
cuánto me rompió esta inepta alma
aquellas de tus preciosos ojos fijos lágrimas,
aquellos luceros que nunca debieron derramarlas!
Siempre en el inflexible ojo del huracán errados,
siempre tercos, enfrentados, tan agraviados e indomables.
Amor, siempre mi amor… ¡Lo hemos conseguido!
Nos hemos perdido para siempre.

X. ORTIGAS VENENOSAS

"Oda a nuestra relación tóxica favorita."

A veces bebo elixires placebo y decrezco,
muy necio, tristemente anestesiado en mi incendio;
adicto a la cicuta de un labio de serpiente
que me aturde, me eleva, a la par que me ingiere.

Muchas veces creo ser un coloquio de tristezas
enfrascadas y hacinadas tras frágiles cristaleras;
el desoído grito enterrado en la inmensidad,
descosido de un títere de tinieblas y pena.

Tras mis pisadas, lo levantado se descama,
manipulado por tu saliva adulterada,
desquiciado, obsesionado, tan desgastado,
con la melancolía en mi rostro circunscrita.

Demasiadas veces olvido que me declinas,
consumes mi confianza, mi ilusión desbordada,
vuelvo a ti, y niego tu tan necesaria tala,
abdico ciego e incapaz, y muerto me mantengo
contemplando tu crecimiento a costa de mi ánima.

XI. ZARZAS DE CUARZO

"La algarabía de esta zarza infinita queda regida en la libertad
de su patria y bandera. Su verso y metro, explicados quedan."

Crecen, progresan, avanzan
bestias de llama, polvo y plomo,
coléricas e insaciables
por mis siembras mortales.

Me asfixian sin ahogarme,
se enroscan, se reproducen
sin herir ni sangrar mi carne.

Primando el desorden irreprimible,
batutando cadencias indescifrables
de irrenunciable e inequívoca sed de vida.

Destruyen cada precaria mía resonancia,
aniquilan, demoler pretenden
la media edad que un terco barbecho
a mi huerto de sombra condenara.
Feroces garras de diamante comandan,
de cuarzo, desmantelando astilladas cenefas,
abandonadas telarañas y heces de rata.

Reciclan, renovar anhelan,
acorazan, ajustician,
desvencijan lepras de ola tullida
embarcadas en sus fragatas vikingas.

Tan libres, tan osadas y soberanas,
pirañas, de mi carroña hambrientas lombrices,
en su galope intratable las encuentro
culpables de la orfandad de las murallas de Asia.

Ahora erguido me hallo, líbero de la añeja corteza,
sobre el nido inconmensurable de mi víbora despellejada,
desnudo, de estáticas vestimentas,
renovado, de masacres y la muerte aquella
que en su purga deliberada estas zarzas procuraran.

Decidme, ¿quién a engendrarlas un día se atreviera?
En mi caldo de ciénaga nacidas,
con el fin de mudarme, mudar el hueso roto,
la sangre enferma, mudar de la ponzoñosa piel
cada parásito y grieta.

XII. RAÍZ DE TARONGER

Ejerzo una memorable rima de enredadera,
de madreselva dorada en ácidas esencias,
retorcida sobre estas caducas cuadernas.

En mi reducto extraviado reina ahora
del levante venida una corazonada huracanada,
obrera de roca, labradora del naranjo,
pervive, me besa con tus labios cítricos
y todo en limoneros resplandece,
y todo el estiércol de bandera y patria del mundo
 en rocío de naranja se humedece.

Sigilosas crisálidas crepitan sus cáscaras
absolviendo nuestro germen,
florecen muchas noches de agosto y septiembre,
cómplices noches, célebres nómadas de estrellas
resentidas del asfalto que separa el sur del este.

Ahora riego tus rígidas chufas rogando tu regreso,
mas nadie ya las sobremesas acompaña
y me duelen los sorbos de horchata solitaria.

En invierno me arden los frutos que habitaste.
En primavera, cuando el frío amaina
y la tierra abraza su promiscua semilla planetaria,
te lloran, te añoran tanto mis azahares.

XIII. ESCARCHA DE CEREZO

"Otoño."

He adorado muchas noches tu caos inquieto,
tu brisa de cereza, tus fijos ojos castaños,
enardecido en la vehemencia de tu prieto
labio imposible, tan mudo, tan vivo tras tantos años.

Oculto el empuje que, en mí, tan poderoso desatas
y sutil entierro todas mis pujanzas calcinadas
percatado de una desgarradora absoluta:
siempre fui un prado ignoto en petunias desangradas.

Hace mucho ya que advertí aquel resplandor intratable,
aquel incandescente estallido en tu mirada
cada vez que su nombre acudía imparable
a tu escucha, eximiéndote de la agonía encerrada.

Te observo y sé que lo extrañas en la flor de cerezo,
tu carne exhala su boca, la saliva que fue tuya,
y ahora sientes la ausencia de un pecho sin dueño,
tan huérfana, palpitando la sangre que aún es suya.

Sé que en la noche el recuerdo mil lágrimas te derrama
cuando me desvelo entre ráfagas de un destripado copo rosa,
y vuelvo a desear el manantial que en ti resguardas
por ver florecer tu esencia al alba de una flor dichosa.

/La tan tuya, aquella eterna veta insondable/

Te pienso de ilusión desbordada, de aurora resurrecta,
privada de semilla ajena, con la gracia inédita
contemplándote así, proyección rica y perfecta,
sin contaminarte con más penuria prescrita.

Mas vuelves a orbitarle en un sinsentido inapelable,
arrastrada, desgastada en el aliento del hábito,
desechando mi existir cual despojo miserable,
mundano, de eco hambriento, de beso perecido.

Me apuñalo la espalda en tu doliente nostalgia,
me rindo, ceder queda el fuerte de la melancolía,
atrás quedaron los soñares, la cardiaca mialgia,
atrás quedó tu boca besada y mi cama vacía.

XIV. TREPADERAS DE CORAL

Por mis piernas que del rocío de estalactita
se alimenta, purgando variz y estría,
ha trepado una coloreada alegría
tan hermosa que el arcoíris a ella imita.

Del fémur roto el risueño coral palpita,
tanta vida de ardiente cian ofrecía,
de camel vestida plena en su poesía,
de carne escarlata, de esmeraldas infinita.

Hoy ocres son sus hijas, metálicas aves,
cálidos arreboles, algas aceitunadas
halladas en mis pasos y sus magentas enclaves.

Crecen en índigo, en jade, de ciruelas camufladas,
y así en sus oscuridades, tonalidades, luces suaves
palidecen tristezas en mártires pigmentadas.

XV. BREZO DE CATACUMBA

"A vosotras:
catacumba, caverna, montaña,
que pereceréis mucho después de mí."

Insomnio, insomnio, diezmado en ti, insomnio.
La noche es una tundra enlutada,
una poza de alacranes y arbustos cenizos
sostenida en el vestigio de un incesto de sombra.

En la calle solitaria impera la turba de gato,
la ciénaga de los coitos lejanos, el asesinato,
la inmundicia, el absurdo de un nido de quimeras.
Hace mucho que en su eco vago errante,
desmembrado tras el sueño que en la noche me abandona,
detenida siento de mi materia la constante,
en bilis me ahogo y atisbo una grieta en la calavera.

La noche ataca con la cátedra de la derrota,
te consume en su espiral alquitranada,
te desecha en la garra de una desbandada de cuervos,
en la nostalgia se materializa y tras la hueca pisada se escuda.

Rugido del tiempo, pañuelo de la circunstancia.

Esta noche exige los cadáveres del mundo
y mis ojos se hunden en el abisal abismo,
en la recámara última del cráneo de simio.
¡Esta noche se extiende tan vasta, y tú estás tan lejana!

La noche es un sedimento de tiniebla, la cerilla apagada
de una doncella lastimada en la arista de la expectativa.
La noche tiene ese vestido de pupila infinita,
ese instante que separa tormenta de llovizna.
Me desvela, me alienta las pesadillas del día
y así comandando acabo, dos púrpuras concubinas
cortejado, devoto de su inmaculada pantorrilla.

Mírame, suspiro antojos de lágrima, frío, tan esquivo,
y el porvenir en su chanza desasosegada
es una falacia escrita por algún otro, triste loco.
¡Ah, aquí siempre solo, tantos duermen, sueñan tan pocos!

Mas entre doradas menas y sangre de caverna,
no hay cripta mía en la que el brezo no crezca.
¡Maldita, qué imperdonable negligencia!

XVI. POEMA FÚNGICO

"Armillaria Ostoyae".

Sobre las cárdenas heridas cicatrizadas,
aquellas tantas córneas huellas en la espalda,
una pueril y crédula espora hubo de posarse
anidando el pretexto de un mar de hifas incontrolables.

Me consumo en su repentina ansiedad intangible,
devorador de cadáveres, asesino insaciable
de las arboledas perdidas, del vespertinaje
en las depuestas cortezas fluviales culpable.

Mi micelio enmarañado lluvia y niebla exige,
parásito, libertino, solitario, ávido
de mundo cual jardín sin tapia ni frontera,
autoesculpiéndose nudos de lenga[1] en su cerca.

Atísbalo reinando, reptando las hojarascas.
¡Ah, silencio de imperios que al sensato juicio enloquece,
que acuchilla insectos e insensible, en sus carnes emerge,
tirano e infeliz, eternamente insatisfecho!

"Termitomyces titanicus".

---

1 En referencia a la tumoración vegetal propiciada por el hongo que lo parasita.

XVII. EPIDENDRUM

"Este es el canto de la fragancia, de la vida, tan hermosa
tras su armonía incontenible."

Una coloreada amapola me ha fascinado
la vida, al encontrármela orgullosa y recta
aniquilando el hormigón de loza que pisa
aquel que al mío hogar sin ganancia alguna entra.

Últimamente he paseado algún axioma
despistado entre matorrales de flor amarilla,
desechando su óvulo lechoso, su estigma
y su sépalo desangrado de sanguijuelas.

Recorro una grata senda y el abejaruco
me acompaña, bebiendo del rocío de los claveles
sonrío a las constelaciones terrenales aquellas,
las pintorescas muecas en las galaxias del paisaje.

Me agrada, a veces, encontrarme tímidas roscas
de cochinilla en el regocijo de un mar de margaritas,
emulando quizás, la nocturna balada
de un girasol cargado de pipas recién nacidas.

Me alienta un vendaval el ánimo de entereza,
antojo ahora arraigar mi artificial perennidad
en estas colinas de afables virutas celestes
y abonarme con el amor que no pude hacerte.

44

Suspiro pletóricas orquestas de estrella gualda
recién desencadena de su azulada porcelana
y decoro de brotes mi corteza trasplantada
y respiro y deliro y callando grito, y entonces…

Oso tomar del cadáver vientre su simiente,
a la par que un hormiguero en una roca labrada
en liquen fósil, a un saltamontes ingiere,
y acabo de cábalas bucólicas embriagándome.

Y acabo escuchando los tan terribles heraldos
de tu risa cortejada, aquellos orgasmos lejanos
portados por la garganta de necrófaga ave,
en el refreno de una hojarasca de orquídeas.

XVIII. FLOR DE VAINILLA

Me he negado a escribirte.
Bien sabes de mí y de mi extraña concepción
de la vida en el verso muerto,
pero me has liquidado el vértigo tantas veces
y tanto te debo, idolatro y mereces,
que sería una terrible injusticia de mi parte
el no hacerlo.

Cesó ya el estridente rugir de la rueda en la piedra,
te has ido y conversar con la vela apagada
nunca fue buena idea.

A veces te regresa a mi piel cuando la enciendo
con la magia y el nervio de su llama bailarina,
que no te suple, jamás lo haría, pero me supura la lágrima,
la carnosa herida de esta alma mía.

Otras veces me edulcoro en mis musarañas perdidas,
sueño que me recordarás algún día, no sé en qué,
quizás me recuerdes en un beso a destiempo,
en el óxido del reloj que corona la estación,
en el café recién hecho, en la vacía cuartilla abandonada,
quizás en una melodía desafortunada, no sé en qué,
qué se yo de recuerdos.
Instaura la lluvia el delgado cordel de un violín lejano,
me agria la despedida, la claudicación y su resentimiento,

marchas lenta, sosegada te introduces en el océano del mundo,
el mundo, este mundo que cuanto más aspiro a su conocimiento,
más grande, más inmenso es si cabe, tan solo equiparable
al destierro que sufro en la infinidad de los manantiales aquellos
escondidos tras el tímido cristal de tus iris inmaculados.
¡Ah, injusto es el sarcasmo de la vida esta!

XIX. BUENAHIERBA

I

Divago estropeado un breve beso
frente al paredón de los fusilados,
junto a lirios de sangre deshonrados,
cráneo perforado y polvo de hueso.

Gatillo aprietan, a vivir regreso
distante de los abrazos sesgados;
de adolescentes pétalos forjados,
de hierba verde y fresca, mi cuerpo impreso.

Agua ahora soy, tierra, sedimento,
habito la raíz, bebo su esencia
y a toda flor del prado doy alimento.

Tierra ahora soy, la sabia docencia.
Vida frecuento y a la muerte desmiento,
ahora de agua soy, ¡perpetua existencia!

II

Bajo las torrenciales epopeyas
encarno el himno del cielo arrebolado,
en la flor vivo del nicho de un poeta asesinado
y la luz canto de sus apagadas velas.

Cáliz de mi ventura, del mal de ojo colirio,
todo le debo al ave magna que rescatara
de la tanta espina mi historia lastimada,
de ahogo naufragada en la eterna hemorragia.

Ebrio quedo de cascarones de araña
y sus telas prendidas en llamas sempiternas.
Reanimada hoy en su épica hazaña,
la oniria aquella, de una pluma resurrecta.

XX. OCASO

Atardece.
Dorada, la marea del Guadalquivir
pareciera haber ocultado el sol al mundo,
orgullosa danza sus tesoros perdidos
hacia las faldas de las serranías lejanas.
Ven, querido desconocido, aquí tienes un sitio junto al mío.
Me gustaría confesarte algo, puedo pasar horas aquí
cantando al silencio y a mi soledad incomprendida,
me estremezco de su horizonte este fluir imparable
y acabo terminando por cuestionarlo todo.
¿No te has preguntado nunca, por ejemplo,
de qué letal forma tu célula capital expirará?
¿Qué viaje a tu corazón en su recuerdo arderá?
¿O qué otras flores y jardines en ti y en mí nacerán?

Anochece.
Callan los azules maceteros de las paredes,
y las sombras juzgan con sus profanas sentencias
cada patio que eleva al cielo sus flores.
Dime, querido desconocido, ¿brindarías conmigo
al llanto futuro, a la compañía venidera y al que te abandone?
¿Cuántas risas crees que esta vida te guardará?
¿Cuántos destellos en este mar de sueños lograrás
o claudicarás? Espero que pocos los segundos.

Oscurece.
La nostalgia arriba con su cáscara de sirena nacarada
y el romano puente, besos de amantes sostiene.
Pregúntate, ¿cuántos de ellos al alba perecerán?
¿Cuáles de estos, tan sumamente remotos y preciados,
quizás en las raíces de los cipreses sus huesos compartirán?
Gracias por la compañía, mi querido desconocido.
Admiro tanto esta ciudad que por ver florecer florece
y es aquí, sea mayo o diciembre,
solo aquí en esta orilla del Guadalquivir,
donde todas las flores del mundo
encuentran ese embrujo último de la semilla,
naciendo, creciendo y volviendo a florecer.

F. Javier Cárdenas García nació en julio de 1997 en Lucena (Córdoba), iniciándose en el camino de la lectura y la escritura de forma muy prematura, convirtiéndolas en un estilo de vida desde entonces.

De esta primera etapa cabe mencionar dos primeros premios en concursos literarios a nivel escolar: 1º premio Concurso Literario IES Marqués de Comares en homenaje a Julio Cortázar (curso 2013-2014) y 1º premio Concurso Literario IES Marqués de Comares en homenaje a Teresa de Jesús (curso 2014-2015), así como la publicación de un relato corto en la revista literaria *Saigón* de la misma localidad.

Actualmente cursa el cuarto año de Medicina en la Universidad de Córdoba y se estrena en la poesía de la mano de este poemario. También podéis encontrarlo en:

- Instagram: @javicarden5
- Facebook: F Javier Cárdenas García
- Twitter: @javicarden51